국어도 풀고, 사회도 풀고, 과학도 풀고

생각의 별이 되는 아이들

빌 게이츠, 스티븐 스필버그, 아인슈타인······.

그들의 공통점은 혁신적 사고를 통해 인류의 별이 된 사람들입니다.

지금의 아이들은 막대한 정보를 소유하고 능숙하게 다루며, 자신만의 별을 쫓기 위해 달려가지만 한 발자국도 앞서지 못합니다. 근본적인 사고의 틀을 깨는 연습, 새로운 발상 전환의 연습을 하지 않았기 때문입니다. 사고의 틀을 깨기 위해서 아이들은 끊임없이 고민해야 합니다.

아이들은 발상 전환의 연습 과정에서 여러 갈래로 다양하게 생각하고 시행착오를 겪습니다. 그 과정에서 아이들의 생각의 방향이 항상 옳은 길로 향하거나, 모든 상황에서 명쾌한 해답을 찾지는 못할 것입니다. 그러나 이 과정에서 자연스럽게 예측하고, 판단하고, 상황을 파악하는 능력은 향상되었을 것입니다.

국어 논술 1호를 발간하며 중요한 취지는 바로 〈발상 전환의 연습〉과 더불어 〈즐거운 논술〉이었습니다. 아이들의 열린 생각으로 접근하는 즐거운 논술을 만들기 위해 지난 4호까지 달려왔습니다. 그리고 이제 완간을 눈앞에 둔 5호를 발간하게 되었습니다. 이번 5호는 자라나는 아이들 생각의 크기를 더욱 늘려가는 밑거름이 될 것입니다.

생각의 별이 되는 아이들을 위해, 남은 6호까지 더욱 열심히 달려가겠습니다.

지속적인 관심과 애정을 부탁드립니다.

지은이 | **서울대 국어교육학 박사 박학천**

바깔로레아 국어논술

교과서와 논술의 통쾌한 만남

· 국어 사회 과학 + 독서 논술 토론 통합 프로그램입니다.
· 쉽고 부담 없는 자료를 편하게 따라만 가면 저절로 사고력, 독해력, 이해력이 자라는 검증된 프로그램입니다.

단원별 학습 목표 및 구성

week 01 발상사고혁명

실질적인 〈발상·사고〉 훈련
- 고정 관념을 깨고, 개성적인 사고를 기릅니다.
- 스스로 질문하고 비판하는 시각과 자세를 기릅니다.

week 02 교과서 논술 01

〈국어 능력〉 심화 학습
- 국어 교과서 선행 학습으로 단원의 핵심을 이해합니다.
- 수행평가, 논술형 문항으로 국어과 학습 능력을 키웁니다.

※ 교과서 활용 : 『말하기·듣기』 / 『읽기』

week 03 독서 클리닉

실질적인 〈읽기 능력〉 향상 훈련
- 억지로 읽기보다는 읽는 맛과 재미를 알려 줍니다.
- 비판적 읽기, 개성적 읽기로 글을 보는 안목을 키웁니다.

week 04 교과서 논술 02

〈국어 능력〉 심화 학습
- 국어 교과서 선행 학습으로 단원의 핵심을 이해합니다.
- 수행평가, 논술형 문항으로 국어과 학습 능력을 키웁니다.

※ 교과서 활용 : 『말하기·듣기』 / 『읽기』

・・・・・・・・・・・・・・・・・・・・・・・・・ 병아리도 날 수 있다!

week 05
영재 클리닉 01

사회 교과서를 활용한 영재 심화 학습
■ 통합 교과 시대를 대비, 사회과 학습 테마를 논술로 연결시켜 쉽고 재미있게 초중고 학습 과정의 주요 주제와 쟁점을 알려 줍니다.

※ 교과서 활용 : 『바른 생활』 / 『사회』

week 06
교과서 논술 03

〈국어 능력〉 심화 학습
■ 국어 교과서 선행 학습으로 단원의 핵심을 이해합니다.
■ 수행평가, 논술형 문항으로 국어과 학습 능력을 키웁니다.

※ 교과서 활용 : 『말하기·듣기』 / 『읽기』

week 07
영재 클리닉 02

과학 교과서를 활용한 영재 심화 학습
■ 통합 교과 시대를 대비, 과학과 학습 테마를 논술로 연결시켜 쉽고 재미있게 초중고 학습 과정의 주요 주제와 쟁점을 알려 줍니다.

※ 교과서 활용 : 『슬기로운 생활』 / 『과학』

week 08
논술 클리닉

『쓰기』 교과서를 활용한 논술 훈련!
■ 쓰기 교과서로 쓰기 학습 능력을 키운 후, 생활문에서 본격 논술까지 자신 있게 자신의 견해를 글로 표현하도록 유도합니다.

※ 교과서 활용 : 『쓰기』

차례

발상사고혁명	있는 그대로를 사랑해요!	05
교과서 논술 01	내가 만들었어요	13
독서 클리닉	피노키오가 사람이 될까?	23
교과서 논술 02	바르게 전해요 01	33
영재 클리닉 01	친구는 참 좋아요!	43
교과서 논술 03	바르게 전해요 02	53
영재 클리닉 02	함께하는 우리 가족	63
논술 클리닉	느낌을 살려 봐!	71

책 속의 책 | **GUIDE & 가능한 답변들**

발상 사고 혁명

있는 그대로를 사랑해요!

소나무는 무엇이 불만인가요?
여러분은 소나무의 어떤 점을 좋아하나요?

긍정적 사고를 하자

01 내 모습 그대로가 좋아
02 날지 못해도 달릴 수는 있어
03 두더지 사위
04 난 아무것도 없어요
05 지금 가지고 있는 게 좋은 거라니까

긍정적 사고를 하자
있는 그대로를 사랑해요!

01 내 모습 그대로가 좋아

1 만화에 나오는 사람은 왜 자꾸 성형 수술을 했나요?

_____

2 성형 수술을 한 결과 어떻게 되었나요?

_____

3 지금 자신의 모습에서 맘에 들지 않는 부분이 있나요? 어떤 부분인지, 어떤 모습이길 원하는지 써 보세요.

_____

02 날지 못해도 달릴 수는 있어

날개를 만들었어요.

지붕 위에서 날아 보려고 해요.

두엄 더미에 떨어졌어요.

괜찮아요. 난 다리가 있거든요.

1 하늘을 날아 보려고 한 돼지는 어떻게 되었나요?

2 달리기를 열심히 하고 있는 돼지에게 힘이 되는 응원의 말을 해 주세요.

03 두더지 사위

두더지 부부에게는 아름다운 딸이 있었어요. 부부는 아름다운 딸이 두더지 총각과 결혼하는 것이 싫었어요.

세상에서 가장 힘센 사위를 맞이해야겠다고 생각한 두더지 부부는 해님을 찾아갔어요.

"해님, 당신이 세상에서 가장 힘이 센 것 같소. 우리의 사위가 되어 주시오."

"저는 구름이 가리면 빛을 잃게 되니 구름이 더 세지요."

부부는 구름을 찾아갔어요.

"내가 해님보다는 세지만 나는 바람이 불면 날아가지요."

부부는 바람을 찾아갔어요.

"내가 구름보다는 세지만 나는 아무리 해도 저 불상은 쓰러뜨리지 못하지요."

부부는 불상을 찾아갔어요.

"내가 바람보다는 세지만 난 두더지가 땅을 파면 쓰러지고 말지요. 아저씨 동네에 사는 두더지 총각이 훌륭한 신랑감인 것 같아요."

부부는 결국 훌륭한 두더지 총각과 딸을 결혼시켰습니다.

1 두더지 부부가 찾아낸 힘센 사위는 결국 누구였나요?

2 이 이야기를 통해 느낀 점을 이야기해 보세요.

04 난 아무것도 없어요

1 여자아이의 불만은 무엇인가요?

2 혹시 여자아이처럼 가지고 있지 않은 것, 못하는 것만 생각하고 있지 않나요? 내가 가지고 있는 것이 들어 있는 보따리를 열어 보세요. 무엇이 들어 있나요?

3 다음 상자 안에 들어 있는 것들을 돈을 주고 살 수 있다면 여러분은 어떤 것을 사고 싶은지 쓰고, 사고 싶은 이유도 써 보세요. 그리고 가격도 정해 보세요.

용기   지혜   기쁨   칭찬   친구   시간
건강   멋진 얼굴   웃음   사랑   자신감

- 사고 싶은 것:
- 이유:
- 가격:

- 사고 싶은 것:
- 이유:
- 가격:

- 사고 싶은 것:
- 이유:
- 가격:

- 사고 싶은 것:
- 이유:
- 가격:

05 지금 가지고 있는 게 좋은 거라니까

한 나귀가 제우스신께 간청했다.
"지금의 정원사 주인은 일만 실컷 부려먹고 먹을 것도 제대로 주지 않습니다. 소원이오니 제발 다른 주인을 섬기게 해 주십시오."
제우스는 나귀의 소원대로 주인을 바꾸어 주었다.
새 주인은 옹기 장수였다. 그러나 옹기들을 가득 싣고 장터를 돌아다니는 일은 정원 일보다 더 어려웠다.
나귀는 제우스 신께 다시 한번 주인을 바꾸어 달라고 간청했다. 그래서 이번에는 가죽 장수 주인을 섬기게 되었다. 그러나 가죽 장수 주인은 툭하면 채찍으로 후려치며 말하는 것이었다.
"이놈아, 빨리빨리 좀 걸어라. 그러지 않으면 가죽을 벗겨 버릴 테다."
나귀는 속으로 생각했다.
'아아, 새 주인을 만나 보니 옛 주인이 얼마나 좋았는지 알겠구나.'

1 나귀가 제우스신께 주인을 바꿔 달라고 한 이유는 무엇인가요?

2 나귀가 주인을 여러 번 바꾼 후에 깨달은 것은 무엇인가요?

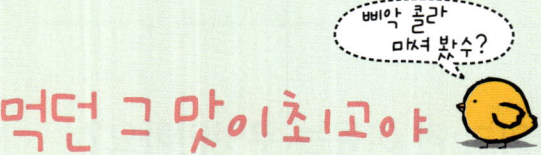

먹던 그 맛이 최고야

   코카콜라 회사에서는 코카콜라의 톡 쏘는 맛이 사람들에게 부담을 준다며 톡 쏘는 맛을 줄인 '뉴코크'를 내 놓았다.
   그런데 사람들은 '뉴코크'는 사 먹지 않고 처음에 마시던 코카콜라를 찾았다. 사람들이 새로운 맛을 좋아할 것이라고 생각했지만 사실은 처음에 마시던 그 맛을 더 좋아한 것이다.
   사람들이 톡 쏘는 그 맛에 코카콜라를 마신다는 것을 깨달은 회사는 뉴코크를 없애고 다시 코카콜라를 팔게 되었다.

말하기·듣기·읽기 - 셋째 마당 (1) 재미가 솔솔 (2) 즐거운 하루

교과서가 논술이

내가 만들었어요

땀을 뻘뻘 흘리면서 작아지는 것은 무엇일까?

?

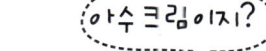
아수크림이지?

내 눈으로 보는 교과서

01 재미있는 말놀이
02 무엇을 말하였나요?
03 인물의 한 일을 찾아봐요

01 재미있는 말놀이

말하기·듣기 48~53쪽 | 학습 목표 : 말의 재미를 느끼며 말놀이를 할 수 있다.

큰 솔밭 밑에 작은 솔밭
작은 솔밭 밑에 동글이
동글이 밑에 오뚝이
오뚝이 밑에 쩝쩝이
쩝쩝이 밑에 뾰족이는?

1 나는 무엇일까요?

_____

2 노란색 부분이 무엇을 나타내는지 써 보세요.

큰 솔밭	_____	작은 솔밭	_____
동글이	_____	오뚝이	_____
쩝쩝이	_____	뾰족이	_____

3 다음을 〈보기〉와 같이 다른 말로 바꾸어 보세요.

〈보기〉   작은 솔밭 ⇨ 나뭇잎, 송충이

오뚝이 ⇨ _____   동글이 ⇨ _____

뾰족이 ⇨ _____   쩝쩝이 ⇨ _____

※ 요정이 살고 있는 집에 가려면 수수께끼를 풀어야 한대요. 수수께끼를 해결하고 요정을 만나러 가 볼까요?

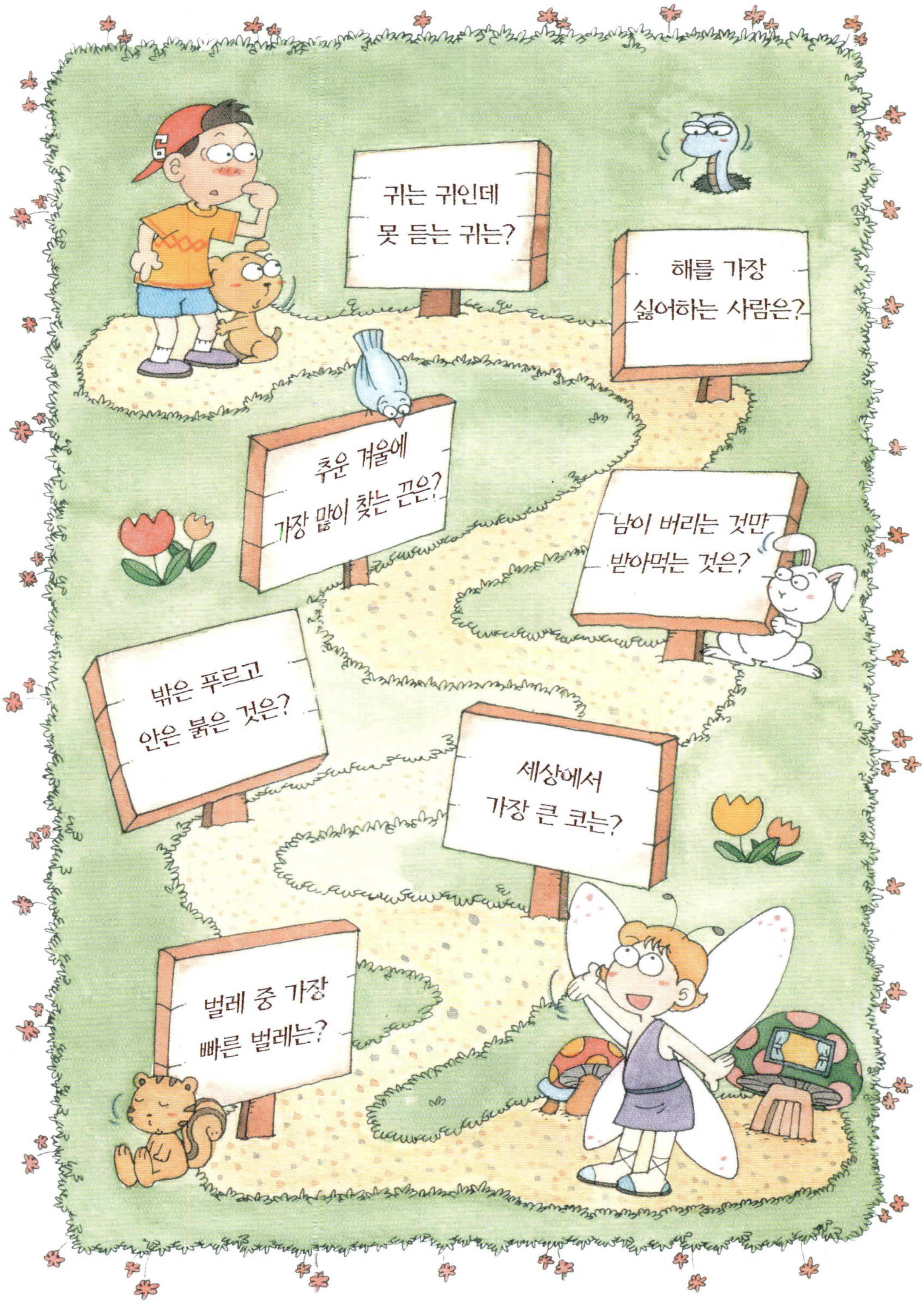

- 귀는 귀인데 못 듣는 귀는?
- 해를 가장 싫어하는 사람은?
- 추운 겨울에 가장 많이 찾는 끈은?
- 남이 버리는 것만 받아먹는 것은?
- 밖은 푸르고 안은 붉은 것은?
- 세상에서 가장 큰 코는?
- 벌레 중 가장 빠른 벌레는?

02 무엇을 말하였나요?

읽기 56~57쪽 | 학습 목표 : 이야기를 읽고, 인물이 한 말을 찾을 수 있다.

놀부의 제비집 찾기

놀부는 동생 흥부가 부자가 되었다는 소문을 들었습니다. 놀부는 샘이 나서 흥부네 집으로 달려갔습니다.

"네 이놈, 흥부 어디 있느냐?"

"형님, 어서 오십시오."

흥부는 형님을 공손하게 맞이하였습니다.

"네 이놈! 네가 어떻게 부자가 되었지?"

놀부는 소리를 버럭 질렀습니다.

"지난 해에, 부러진 제비 다리를 정성껏 고쳐 주었어요. 그랬더니 제비가 박씨 하나를 물어다 주었어요. 봄에 그 박씨를 심어 가을에 박을 타 보니, 박 안에서 온갖 보물이 나왔어요."

"그래? 그럼 나도 얼른 제비 다리를 고쳐 주고 보물을 얻어야겠다."

놀부는 집에 와서 열심히 제비 집을 찾았습니다.

"다리 부러진 제비가 어디 있지? 아이고, 답답해라. 내가 그냥 제비 다리를 부러뜨려야겠다."

1 흥부와 놀부가 한 말을 적어 봅시다.

> 놀부 : 네 이놈, 흥부 어디 있느냐?
>
> 흥부 : _____
>
> 놀부 : _____
>
> 흥부 : _____
>
> 봄에 그 박씨를 심어 가을에 박을 타 보니, 박 안에서 온갖 보물이 나왔어요.
>
> 놀부 : _____

내 다리는 안돼 안돼

2 놀부가 제비 다리를 부러뜨리면서 어떤 말을 했을지 상상하여 써 보세요.

사자와 여우

배고픈 사자가 숲 속에서 양을 발견하고 불러 세웠다.
"이봐, 거기!"
"왜 그러시나요, 사자님?"
깜짝 놀란 양이 벌벌 떨며 물었다.
"내 입에서 무슨 냄새가 나는지 말해 봐라."
양은 사자의 입에 코를 대고 냄새를 맡아 보고는
"고약한 냄새가 나는데요."
하였다. 그러자 사자는
"뭐라구? 이 버르장머리 없는 놈 같으니."
하며 냉큼 양을 잡아먹었다.

사자는 숲 속을 어슬렁거리다가 이번에는 늑대를 불러 세우고 자기 입 냄새를 맡아 보라고 하였다. 사자의 입에서는 고약한 냄새가 났다. 하지만 사실대로 말하면 해로울까 봐 늑대는
"아무 냄새도 안 나는데요."
하고 거짓말을 하였다. 그러자 사자는
"이 거짓말쟁이!"
하면서 늑대도 잡아먹었다. 다음에 걸려든 것은 여우였다. 그러나 여우는 꾀가 많았다.

"저, 사자님 죄송한데요. 저는 지금 감기에 걸려서 아무 냄새도 맡을 수 없답니다."
사자는 여우를 잡아먹을 구실이 없어서 그냥 놓아주고 말았다.

1 사자가 "내 입에서 무슨 냄새가 나는지 말해 봐." 라고 했을 때 동물들이 각자 다른 대답을 했습니다. 동물들이 한 말을 찾아 말 상자를 채워 보세요.

2 사자가 여러분에게도 "내 입에서 무슨 냄새가 나지?"라고 물어 보았다고 상상하고 여우보다 더 재치 있는 대답을 써 보세요.

03 인물의 한 일을 찾아봐요

읽기 64~67쪽 | 학습 목표 : 글을 읽거나 그림을 보고, 인물이 한 일을 찾을 수 있다.

세종 대왕

어느 날, 이른 새벽이었습니다. 세종 대왕이 궁궐을 돌아보고 있었습니다. 그러다가 새벽까지 공부를 하다가 앉은 채 잠든 젊은 학자를 보았습니다.

"새벽이라 추울 텐데……."

세종 대왕은 입고 있던 옷을 벗었습니다. 그리고 그 옷으로 젊은 학자를 덮어 주었습니다. 세종 대왕은 자기 몸처럼 신하들을 돌보았습니다.

세종 대왕은 백성들이 사는 모습도 꼼꼼히 살폈습니다.

'백성들은 어떻게 살고 있을까?'

가끔 궁궐 밖으로 나가서 백성들의 어려움이 무엇인지 살펴보았습니다. 그리고 백성들을 위해서 많은 일을 하였습니다.

세종 대왕이 나라를 다스리던 때에 우리 나라에서는 한자를 쓰고 있었습니다. 한자는 백성들이 배우기 어려운 글자였습니다. 세종 대왕은 한자를 배우기 어려워하는 백성들을 보며 안타까워하였습니다.

'쉬운 글자가 필요해. 백성들이 배우기 쉽고, 쓰기 편한 글자를 만들어야겠어.'

세종 대왕은 우리말을 쉽게 적을 수 있는 글자를 만들기 위하여 밤낮으로 노력하였습니다. 여러 학자들이 세종 대왕을 도왔습니다. 눈병이 났을 때에도 세종 대왕은 글자를 만들기 위하여 계속 노력하였습니다. 오늘날에 우리가 쓰고 있는 한글은 세종 대왕과 여러 학자들이 만든 글자입니다.

1 그림을 보고 세종 대왕이 한 일을 쓰고, 세종 대왕이 한 일에 대한 내 생각을 쓰세요.

①

한 일

내 생각

②

한 일

내 생각

③

한 일

내 생각

④

한 일

내 생각

1 종현이는 야자수처럼 키가 크고 싶다고 했습니다. 키가 크기 위해 종현이가 한 일을 모두 써 보세요.

---

2 종현이가 한 일에 대하여 내 생각을 써 보세요.

피노키오 - 상상하며 읽기

피노키오가 사람이 될까?

독서클리닉

피노키오는 이탈리아 작가 콜로디가 지은 『피노키오의 모험』 이야기에 나오는 꼭두각시 인형입니다.

상상하며 읽어요
01 피노키오가 만들어졌어요
02 피노키오, 여우와 고양이를 만나다
03 피노키오, 드디어 사람 되다

한걸음 더
피노키오를 어떻게 생각해?

독서 plus
거짓말을 하면 코가 정말 길어질까?

삐악이의 모험도 써 주~

상상하며 읽어요!
피노키오가 사람이 될까?

01 피노키오가 만들어졌어요

　제페토 할아버지는 친구에게서 나무토막을 얻어 집에 와 나무를 깎기 시작했어. 머리털을 깎기 시작했는데 그 때 이 꼭두각시를 '피노키오'라고 부르기로 결심했어. 머리털 다음에는 눈을 깎았고, 눈을 끝낸 제페토 할아버지는 자랑스럽게 외쳤어.
　"정말 훌륭해! 진짜 살아 있는 것 같아!"
　그 다음은 코를 깎았어. 그런데 문제가 생겼어. 깎는 동안 코가 자꾸만 길어지는 거였어. 제페토 할아버지는 코 다듬기는 그만 끝내기로 했지.
　"다듬어도 계속 길어질 테니까."
　할아버지는 중얼거리며 입을 만들기 시작했는데, 입술을 채 끝내기도 전에 입이 웃으며 혓바닥을 쑥 내미는 거였어.
　제페토 할아버지는 계속 나무를 깎았어. 턱과 목, 어깨와 몸통, 팔과 손, 다리와 발이 만들어졌어. 할아버지는 인형의 손을 잡고 한 발 한 발 걷는 법을 가르쳤어. 피노키오는 걷는 게 너무 재미있어서 문지방을 훌쩍 뛰어넘어 달려 보았어. 더 빨리, 점점 더 빨리, 골목길을 달렸지.

1 내가 가지고 노는 인형이 피노키오처럼 말도 하고 뛰어다닌다면 어떨 것 같나요?

_____

_____

2 피노키오가 사람이 된다면 어떤 성격의 아이가 될 것 같나요?

_____

3 피노키오 만드는 과정을 그림으로 그려 보았어요. 여러분이 완성된 피노키오를 그려 보세요.

02 피노키오, 여우와 고양이를 만나다

꼭두각시 놀이꾼이 선물한 금화 다섯 닢을 들고 집으로 가는 길에 여우와 고양이를 만났어.

"너 피노키오 맞지?"

"어떻게 알았어?"

"어제 덜덜 떨며 너를 찾고 계신 네 아버지를 만났거든."

"불쌍한 아버지. 웃옷이 없어서 추우신 거야. 이 정도면 웃옷을 살 수 있겠지? 책도 살 수 있으면 좋은데……."

피노키오가 금화를 내 보이며 말했어.

"책은 왜?"

"학교에 다니려고, 난 공부를 할 거야."

"학교는 따분해."

"너 그 금화를 두 배로 늘리고 싶지 않니? 수백 배로도 늘릴 수 있는 걸. 그럼 네 아버지도 부자가 되는 거야."

"어떻게 그럴 수 있어?"

"바보들의 나라에 '요술 들판'이 있는데 널 그 곳에 데리고 갈게. 그 곳에 가서 금화를 땅에 파묻고 금화 한 닢마다 샘물 한 양동이를 붓고는 그 위에 소금을 조금 뿌리는 거야. 그러면 밤새 금화 나무 다섯 그루가 땅에서 솟아나지. 점심때면 금화 열매가 주렁주렁 달려 있지."

"그렇다면 얼른 그 기적의 들판으로 가자."

피노키오는 당장 출발했어. 고양이와 여우가 따라가기 힘들 정도로 빨리 걸어갔어.

1 무엇이든지 심으면 주렁주렁 열리는 요술 들판이 있다면 여러분은 무엇을 심고 싶나요? 여러분이 심고 싶은 것을 그려 보세요.

2 여우와 고양이를 따라 간 피노키오가 어떻게 되었을까요? 그림을 보고 뒷이야기를 재미있게 꾸며 보세요.

03 피노키오, 드디어 사람 되다

　상어 뱃속에서 탈출해 집으로 돌아온 뒤 제페토 할아버지는 병이 나셨어. 피노키오는 아버지를 위해 우유를 구하러 갔어. 농부 아저씨가 양수기를 돌려 물을 퍼 올리면 우유를 주겠다고 해서 열심히 양수기를 돌렸어. 피노키오는 따뜻한 우유 한 컵을 들고 오두막으로 돌아와 아버지에게 우유를 드렸어.

　그 날부터 피노키오는 다섯 달이 넘도록 매일 새벽에 일어나 농부의 집으로 가서 양수기를 돌리고 우유 한 컵을 얻어 왔어. 아버지는 피노키오가 가져다 준 우유를 먹고 건강이 많이 좋아졌어.

　하지만 피노키오는 이것으로 만족하지 않고, 남는 시간에는 갈대로 바구니와 광주리 만드는 법을 배웠어. 그렇게 번 돈으로 하루하루 열심히 살아갔어. 피노키오는 작고 예쁜 수레를 혼자 힘으로 만들었어. 날씨가 좋으면 아빠를 수레에 태우고 산책을 하면서 신선한 공기를 마시게 했어.

　이웃 마을에서 표지와 차례가 떨어져 나가고 없는 책을 샀어. 낡은 책이었지만 그 것으로 밤에는 잠을 자지 않고 읽기와 쓰기를 공부했어.

　착한 마음으로 열심히 살기 위해 일하고 노력한 대가로 피노키오는 몸이 약한 아버지를 편하게 모실 수 있었어. 뿐만 아니라 새 옷을 사기 위해 돈을 저축하기도 했어. 새 옷을 사러 나간 피노키오는 요정의 달팽이를 만났어. 자기를 구해 주었던 요정님이 아픈데 빵 살 돈도 없다는 말을 듣고 옷을 사려던 돈을 달팽이에게 주었어.

　그 날 밤, 피노키오는 꿈 속에서 요정을 만났어.

"잘 했어, 피노키오! 네 착한 마음씨를 보고 지금까지 네가 저지른 모든 잘못을 용서해 주기로 했어. 앞으로도 그렇게 열심히 살면 행복할 거야."

깜짝 놀라서 눈을 번쩍 뜬 피노키오는 자신이 진짜 소년이 되었다는 것을 알고, 거울로 가서 자신의 모습을 보았어.

피노키오는 아버지의 목을 끌어안고 뽀뽀를 했지. 제페토 할아버지는 피노키오가 소년이 된 것이 너무 기뻐 피노키오를 꼭 안아 주었어.

1 피노키오는 어떻게 해서 진짜 사람이 될 수 있었나요?

2 피노키오가 진짜 소년이 되었을 때 피노키오와 제페토 할아버지의 마음이 어땠을지 상상해서 써 보세요.

피노키오:

제페토 할아버지:

한걸음더 | 피노키오를 어떻게 생각해?

유준

피노키오는 어리석어. 못된 여우랑 고양이한테 속고, 또 친구한테 속아 당나귀가 되고 정말 못말리는 아이야.

지성

유준아, 피노키오는 친구가 한 말이니까 믿은 거야. 믿는 게 나쁜 건 아니라고 생각해. 그리고 나라도 요술 들판과 장난감 마을엔 가고 싶었을 거야.

재강

피노키오는 매일 놀기만 하고, 말썽만 피우는 아이야. 또 거짓말도 많이 하고 약속도 안 지키는 아이야.

진희

나는 노는 게 나쁘다고 생각하지 않아. 해야 할 일을 하고 난 뒤에는 마음껏 놀아도 좋다고 생각해.

1 여러분은 피노키오를 어떻게 생각하나요? 위 의견 중 어떤 어린이의 의견에 찬성하는지 쓰고, 그 이유도 써 보세요.

나는 _____ 의 의견에 찬성합니다.

그 이유는 _____

독서plus 거짓말을 하면 코가 정말 길어질까?

동 원 : 아빠, 거짓말하면 코가 길어진다는 건 거짓말이죠?
아 빠 : 코가 길어지지는 않지만, 거짓말 할 때 코를 만지는 사람은 많다는구나.
동 원 : 왜요?
아 빠 : 거짓말할 때는 콧속 혈관으로 피가 몰려서 코가 간질간질하대. 그래서 코를 자꾸 만지는 거지. 어느 나라의 대통령은 거짓말을 할 때 4분에 한 번씩 코를 만졌다고 하지. 이것 말고도 사람들이 거짓말을 할 때 보이는 행동은 여러 가지가 있어. 눈을 똑바로 쳐다보지 못한다거나, 귓불이나 코를 만지고 문지르는 사람들도 있지. 또 머리를 만지거나 다리를 꼬는 사람들도 있고 말이야. 어떤 사람은 갑자기 말이 많아지거나 없어지기도 한대.

동 원 : 아, 그래서 아까 코가 간질간질했구나.

1 사람들이 거짓말을 할 때 보이는 행동은 어떤 것들이 있나요?

2 여러분은 거짓말할 때 어떤 행동을 하는지 생각해 보고 쓰세요.

콜로디 마을의 피노키오 공원

콜로디 마을은 동화 '피노키오의 모험'으로 유명한 동화작가 콜로디가 어린 시절을 보낸 곳입니다.
세계적으로 사랑받는 '피노키오'는 1883년 5월 25일에 탄생하였습니다.
아주 작은 이 마을은 피노키오 덕분에 동화의 고장이 되었습니다. 마을의 중심에는 피노키오 공원이 있습니다. 공원 안에는 인형극을 공연하는 무대도 있고 피노키오에 등장하는 인물들을 인형이나 조각으로 만날 수 있습니다.
피노키오가 탄생한 5월 25일에는 이곳에서 다양한 기념행사가 열리며, 많은 어린이들이 이 공원을 방문합니다.

말하기 · 듣기 · 읽기 – 넷째 마당 (1) 하나씩 차근차근

바르게 전해요 01

내 눈으로 보는 교과서

01 아는 거 다 말해
02 뭐가 중요한지 보여요
03 좋은 점을 찾아보아요

뛰어넘자 교과서

어느 나라일까요?

내 눈으로 보는 교과서 | 01 아는 거 다 말해

말하기·듣기 66~73쪽 | 학습 목표 : 책을 읽고 알게 된 내용을 분명하게 말할 수 있다.

1 친구들이 궁금해 하는 것은 무엇인가요?

2 철수가 친구들이 궁금해 하는 것을 대답해 줄 수 있었던 까닭은 무엇인가요?

3 파리가 왜 앞다리를 비빈다고 했나요?

『하늬와 함께 떠나는 갯벌 여행』이라는 책을 읽었는데, 갯벌에 앞으로 걷는 게가 있대. 몸이 밤알처럼 생겨서 '밤게'라고 하는데, 살이 없고 맛이 없어서 사람들이 먹지는 않는 게래. 게는 다 옆으로 걷는 줄만 알았는데 앞으로 걷는 게가 있다니 정말 신기하지?

1 무엇에 대해 말하였나요?

2 이 글에서 말한 밤게의 특징을 모두 써 보세요.

3 읽은 책 중에서 친구들에게 이야기해 주고 싶은 내용이 있으면, 말하여 보세요.

02 뭐가 중요한지 보여요

읽기 82~87쪽 | 학습 목표 : 글을 읽고, 중요한 내용을 찾을 수 있다.

이런 인사 저런 인사

나라마다 인사하는 법이 다릅니다. 어떻게 다를까요?

우리 나라 사람들은 허리를 굽혀 인사합니다. 상대방과 조금 떨어져서 바른 자세로 인사합니다. 서로 인사말도 주고받습니다.

멕시코 사람들은 서로 껴안으며 인사합니다. 상대방에게 가까이 다가가서 힘껏 서로를 껴안습니다. 그러고는 큰 소리로 반가움을 나타냅니다.

사우디아라비아 사람들은 뺨을 대며 인사합니다. 상대방에게 가까이 다가가서 서로의 뺨을 가볍게 댑니다. 그러면서 서로의 어깨를 가볍게 두드리며 반가움을 나타냅니다.

1 위 글을 읽고, 중요한 내용을 정리해 보세요.

각 나라의 전통 의상

나라마다 전통 의상이 있습니다. 전통 의상은 그 나라의 특성이 담겨 있습니다. 나라마다 어떤 전통 의상이 있는지 알아봅시다.

우리 나라의 전통 의상은 한복입니다. 한복은 색깔이 곱고 부드러운 느낌을 줍니다.

중국의 전통 의상은 치파오입니다. 치파오는 색깔이 화려하고 꽃무늬 자수가 들어가 있어 화려한 느낌을 줍니다.

스코틀랜드의 전통 의상은 킬트입니다. 킬트는 세로 주름이 잡혀 있는 체크 무늬 치마입니다. 치마 모양이지만 남자와 군인이 입는 것이 특징입니다.

네덜란드의 전통 의상은 특별한 이름은 없고, 꽃무늬가 많이 들어갑니다. 귀여운 신발과 고깔모자 때문에 귀여운 느낌을 줍니다.

1 제목이 무엇인가요?

---

2 어떤 나라들이 나왔나요?

---

3 우리 나라의 전통 의상은 무엇이고, 어떤 느낌을 준다고 하였나요?

4 '각 나라의 전통 의상'을 다시 읽고, 중요한 내용을 정리해 보세요.

각 나라의 전통 의상

우리 나라 | | 스코틀랜드 |

| | 치파오는 색깔이 화려하고 꽃무늬 자수가 들어가 있어 화려한 느낌을 줍니다. | | 꽃무늬가 많이 들어가고 귀여운 신발과 고깔모자 때문에 귀여운 느낌을 줍니다. |

5 각 나라의 전통 의상의 특징을 보고, 다음은 어떤 나라의 전통 의상인지 말해 보세요.

03 좋은 점을 찾아보아요

읽기 58~91쪽 | 학습 목표 : 흉내내는 말을 사용하면 어떤 점이 좋은지 안다.

흉내내는 말

우리 나라 말에는 흉내내는 말이 많이 있습니다. 흉내내는 말을 사용하면 어떤 점이 좋은지 알아봅시다.

'드르렁드르렁'이라는 말을 들으면 어떤 생각이 드나요? 아저씨가 코 고는 소리를 심하게 내면서 자는 모습이 떠오르지요.

'색색'이라는 말을 들으면 어떤 생각이 드나요? 귀엽고 조그마한 아기가 숨을 내쉬면서 잠을 자는 모습이 떠오르지요.

'콸콸'이라는 말을 들으면 어떤 생각이 드나요? 수도꼭지에서 물이 큰 소리를 내며 쏟아져 나오는 모습이 떠오르지요.

'조르륵'이라는 말을 들으면 어떤 생각이 드나요? 수도꼭지에서 물이 작은 소리를 내며 떨어지는 모습이 떠오릅니다.

1 자는 모습을 흉내내는 말을 더 찾아 써 보세요.

2 수도꼭지에서 물이 나오는 소리를 흉내내는 말을 더 찾아 써 보세요.

1 어디에서 살까요?

뻐끔뻐끔 물고기
어항에서 살고요.
타박타박 타조는
사막에서 살고요.
귀뚤귀뚤 귀뚜라미
나무에서 살고요.
불끈불끈 두 주먹
호주머니 살고요.
코올코올 우리 아기
엄마 품에 살지요.

2 어디에서 살까요?

물고기는
어항에서 살고요.
타조는
사막에서 살고요.
귀뚜라미는
나무에서 살고요.
두 주먹은
호주머니 살고요.
우리 아기는
엄마 품에 살지요.

1 두 시 중 더 재미있게 느껴지는 것은 어느 것인가요?

_____

2 그렇게 느껴지는 이유를 써 보세요.

_____

_____

3 시에 나오는 흉내내는 말을 모두 찾아 써 보세요.

_____

뛰어넘자 교과서 | 어느 나라일까요?

1 중국인과 에스키모인이 인사하는 모습을 예쁘게 색칠해 보세요.

2 각 나라의 전통 의상을 입은 모습을 예쁘게 색칠해 보고, 어느 나라의 전통 의상인지 말해 보세요.

굴뚝

윤동주

산골짜기 오막살이 낮은 굴뚝엔
몽기몽기 웨인 연기 대낮에 솟나.

감자를 굽는 게지 총각애들이
깜박깜박 검은 눈이 모여 앉아서
입술이 꺼멓게 숯을 바르고
옛이야기 한커리에 감자 하나씩.

산골짜기 오막살이 낮은 굴뚝엔
살랑살랑 솟아나네 감자 굽는 내.

바른생활 - 2단원 사이좋은 친구

친구는 참 좋아요!

친구와 함께 하면 좋은 점을 생각해 보세요.

내 눈으로 보는 교과서

우리는 친구

Step by Step

01 나를 소개합니다
02 내 친구를 소개합니다
03 친구가 없다면?
04 자전거보다 더 소중한 것

영재 plus

친구들을 떠올려요

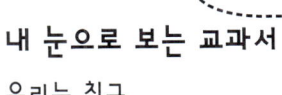

우리는 친구

바른생활 20~23쪽 | 학습 목표 : 친구의 소중함을 배울 수 있다.

1 그림을 보고, 말풍선에 들어갈 알맞은 말을 써 보세요.

친구

친구는
난로,
내가 추워하면
꼭 껴안아 주니까.

친구는
선생님,
내가 나쁜 길로 빠져들 때
좋은 길로 이끌어 주니까.

친구는
어머니,
내가 힘들어하면
도와 주니까.

2 위 시에서는 친구를 무엇에 비유했는지 써 보세요.

_____

3 나는 친구를 무엇에 비유하고 싶은지 쓰고, 그 이유도 써 보세요.

나는 _____ 비유하고 싶어요.

그 이유는 _____

_____

친구는 참 좋아요!

01 나를 소개합니다

내 별명은
초코벌레.
밥보다 초콜릿을 더 좋아하거든.
초콜릿은 맛있지만 이가
썩어서 걱정이야.

내가 좋아하는 놀이
나는 퍼즐을 좋아해. 조각들이 다
맞춰져서 큰 그림이 되면 기분이
좋아. 가끔 친구들하고 공동
작품을 만들기도 해.

내 이름은 임보미.
봄처럼 따뜻한 아이가
되라고 할아버지께서
지어 주셨어.

내가 잘하는 것
내가 엄마 아빠 웃게 만드는 재주를
가졌대. 커서 개그맨이 되라고 하
는데 난 집을 만드는 사람
이 되고 싶어.

내가 싫어하는 것과 못하는 것
낮잠 잘 때 파리가 달라 붙는 걸 싫어하
고, 수학을 못해. 수학이 나를 싫어하
는 것 같은데 난 수학 잘하는 병
에 걸리고 싶어.

1 보미가 자기를 소개하는 글을 읽고, 보미에게 하고 싶은 말을 써 보세요.

_____

_____

2 나의 모습의 특징을 살려 그리고, 다음 빈 칸을 채워 넣으세요.

〈나의 모습 그리기〉

〈내가 잘하는 것, 좋아하는 것〉

1. _____

2. _____

〈내가 못하는 것, 싫어하는 것〉

1. _____

2. _____

3 2번에 적은 내용을 바탕으로 하여, 친구에게 나를 소개하는 글을 써 보세요.

02 내 친구를 소개합니다

1 내가 좋아하는 친구의 얼굴을 그려 보세요.

2 1번에 그린 친구를 떠올리며 빈 칸을 채워 보세요.

이름은요

별명	이렇게 친구가 됐어요	친구가 못하는 것	친구가 잘하는 것

3 이 친구와 사이좋게 지내기 위해서 나는 어떤 노력을 하는지 이야기해 보세요.

03 친구가 없다면?

나는 개똥벌레.
나는 친구가 없어.

가지 마! 가지 마!
나를 위해 노래를 불러 줘.

내 집은 개똥 무덤.
모두가 떠나갔네.

어, 나의 빛을 보아 준 친구가
생겼어.

1 친구들이 모두 떠나고 없었을 때 개똥벌레의 마음은 어땠을까요?

2 친구가 생겼을 때 개똥벌레의 마음은 어땠을까요?

04 자전거보다 더 소중한 것

자전거를 잃어버렸어요. 누가 잠시 타고 가지고 올 것 같아서 기다리고 있었어요. 그 때 누군가 내 옆으로 왔어요.

"안녕, 너 우리 반 전유준이지?"

"어, 안녕. 난 니 이름을 모르는데……."

"난 김지운이라고 해. 그런데 여기서 뭐 해?"

"자전거를 잃어버렸어."

"그래? 그 자전거 너한테 소중한 거지? 우리 같이 찾자."

"고마워. 그런데 어떻게 찾지?"

"네 자전거 어떻게 생겼니?"

"파랑색 두 발 자전거야. 앞에 바람개비도 달려 있어."

"그래? 그럼 가게 아줌마 아저씨들께 그런 자전거를 봤는지 여쭤 보고 이 동네를 찾아보자."

지운이의 적극적이고 용감한 모습이 나에게 힘이 되었어요. 우리는 여러 사람에게 묻고 열심히 돌아다녔어요. 그렇지만 자전거를 찾을 수는 없었어요.

"유준아 자전거 못 찾아서 속상하지?"

"아니, 자전거 잃어버린 대신 더 좋은 걸 얻었다."

"뭘 얻었는데?"

"친구! 니가 자전거보다 이만큼 더 좋다."

나는 그릴 수 있는 만큼 크게 원을 그렸어요. 그 이후로 우리는 서로의 이름을 아주 많이 부르며 지냈습니다.

1 같은 반인데 지운이는 유준이의 이름을 알고 있고, 유준이는 지운이의 이름을 몰랐어요. 여러분은 같은 반 친구들의 이름을 다 알고 있나요? 기억나는 친구들의 이름을 써 보세요.

2 한 번도 말을 해 보지 못한 친구가 먼저 말을 걸어올 때 여러분은 어떻게 하나요?

3 여러분도 지운이처럼 친구가 힘든 일을 겪고 있을 때 함께 한 경험이 있나요? 없다면 친구가 힘든 일을 겪고 있을 때 여러분은 어떻게 행동할 것인지 각오를 써 보세요.

영재plus 친구들을 떠올려요

1 우리 반 친구들을 생각하면서 친구들의 이름을 써 보세요.

제일 키가 큰 친구는?		힘이 가장 셀 것 같은 친구는?
가장 잘 웃는 친구는?	우리 반에서	가장 재미있는 친구는?
인사를 가장 잘하는 친구는?		가장 엉뚱한 친구는?

2 다음 색깔을 보고 생각나는 친구의 이름을 쓰고, 친구에게 나를 보면 어떤 색깔이 떠오르는지 물어보세요.

파랑	노랑	갈색	보라
( )	( )	( )	( )

주황	초록	흰색	분홍
( )	( )	( )	( )

말하기·듣기·읽기 - 넷째 마당 (2) 살펴보고 정리하여

바르게 전해요 02

내 눈으로 보는 교과서

01 들은 거 다 말해
02 중요한 내용을 정리해요
03 방법을 설명해요

01 들은 거 다 말해

말하기·듣기 32~33쪽 | 학습 목표: 다른 사람의 말을 듣고 알게 된 내용을 분명하게 말할 수 있다.

1 현정이가 아버지의 말씀을 듣고 알게 된 내용을 정리해 보세요.

① 젖니는 _____ 살 정도가 되면 빠지기 시작합니다.

② 젖니가 빠진 자리에 _____ 가 나옵니다.

③ 젖니를 늦게 빼면 _____ 가 나옵니다.

2 친구들이 이가 왜 빠지는지 궁금해 할 때 현정이가 친구들에게 어떻게 말했을지 써 보세요.

— 홍승우, 『비빔툰』 중에서

1 다운이가 선생님과 어머니께 들어서 알게 된 내용은 무엇인가요?

2 다운이가 스스로 알게 된 것은 무엇인가요?

02 중요한 내용을 정리해요

읽기 92~95쪽 | 학습 목표 : 글을 읽고, 중요한 내용을 정리할 수 있다.

물은 요술쟁이

나는 물입니다. 지금 주전자 안에서 보글보글 끓고 있지요. 조금만 기다리면 주전자 밖으로 나갈 수 있습니다. 내가 김이 되어 밖으로 나가면 사람들은 나를 수증기라고 부릅니다.

"어, 붕 떠오르네!"

나는 점점 가벼워져서 주전자 밖으로 나갑니다.

"얼른 하늘로 올라가야지."

내가 하늘로 올라가서 떠 있으면 사람들은 나를 구름이라고 부릅니다.

"얘들아, 안녕?"

하늘에 올라가면 친구들을 만날 수 있습니다. 우리는 늘 함께 다니며 세상을 구경합니다.

친구들이 많이 모이면 우리의 몸이 무거워집니다. 그러면 우리는 땅으로 내려옵니다.

우리는 땅으로 내려오다가 차가운 공기를 만나면 눈이 되고, 따뜻한 공기를 만나면 비가 됩니다.

나는 이렇게 수증기도 되고, 구름도 되고, 눈이나 비도 될 수 있습니다. 나는 요술쟁이랍니다.

56

1 물이 무엇으로 변하는지 생각하며 빈 칸에 알맞은 말을 넣어 내용을 정리해 보세요.

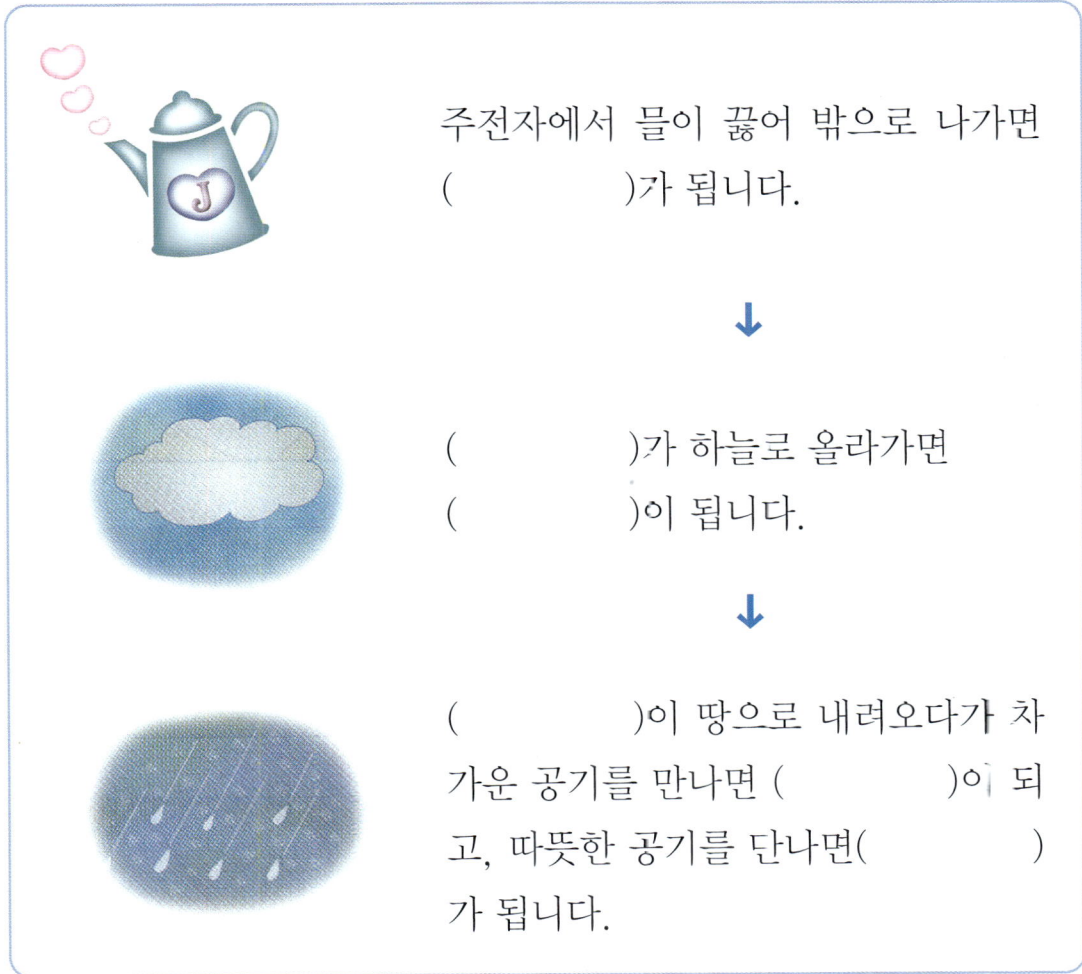

주전자에서 물이 끓어 밖으로 나가면 (   )가 됩니다.

↓

(   )가 하늘로 올라가면 (   )이 됩니다.

↓

(   )이 땅으로 내려오다가 차가운 공기를 만나면 (   )이 되고, 따뜻한 공기를 만나면 (   )가 됩니다.

2 물이 냉동실에 들어가면 무엇이 될까요? 그림으로 그려 보세요.

똥의 재활용

사람, 지렁이, 닭, 소 등 동물의 똥은 농사를 지을 때 아주 좋은 비료가 됩니다. 똥은 땅을 오염시키지 않고 건강에도 해롭지 않기 때문입니다.

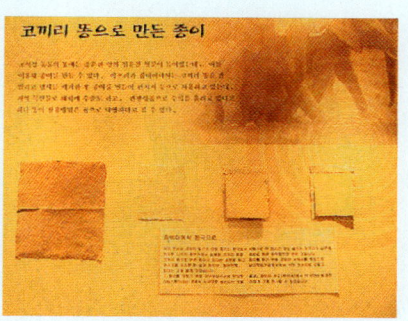

아프리카에서는 야생동물의 똥을 이용해 벽돌을 만들거나 진흙처럼 벽에 발라서 집을 짓습니다.

잠비아라는 나라에서는 코끼리 똥을 잘 말리고 냄새를 없앤 뒤 종이를 만들어 편지지 등으로 사용하고 있습니다. 코끼리 똥을 이용해 종이를 만들면 거리도 깨끗해지고 돈도 벌 수 있어서 좋습니다.

1 똥이 어떻게 재활용 되는지 정리해 보세요.

똥은 여러 가지로 재활용됩니다.

벽돌을 만들어 집을 짓는다.

03 방법을 설명해요

가오리연 만들기

● 재료: 대오리 두 개, 한지, 종이 테이프, 얼레, 실

● 만드는 방법
① 한지를 네모 모양으로 자릅니다.
② 한지 가운데에 대오리 하나를 놓고, 종이 테이프로 붙입니다. 이것은 연의 중심살입니다.
③ 또 하나의 대오리를 활처럼 휘게 하여 다른 대오리와 가로질러 놓습니다. 그리고 종이 테이프로 붙입니다. 이것은 연의 허릿살입니다.
④ 남은 한지를 허리띠 모양으로 길게 자릅니다. 이것을 세 개 만듭니다. 이것은 연의 꼬리입니다.
⑤ 연의 꼬리를 세 곳에 붙입니다.
⑥ 허릿살 가운데와 중심살 끝 부분에 실을 묶습니다.
⑦ 중심살에 묶은 실과 얼레의 실을 잇습니다.

1 이 글은 무엇에 대하여 쓴 글인가요?

_____

2 글을 잘 읽고, 가오리연 만드는 순서대로 번호를 쓰세요.

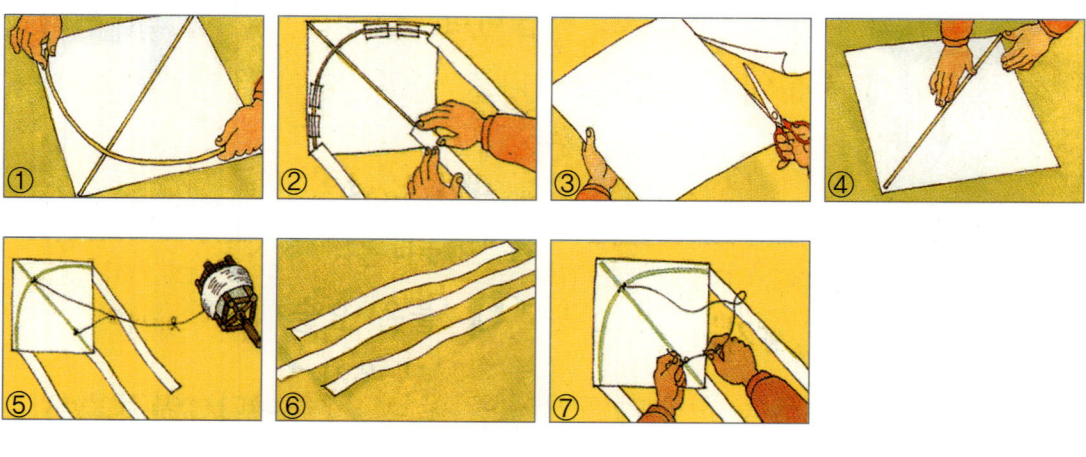

_____

3 가오리연 만드는 방법을 친구에게 말하듯이 써 보세요.

케이크 만들기

- 재료: 스폰지 케이크 한 개, 휘핑 크림 80g, 시럽 30g, 복숭아, 키위, 딸기, 초콜릿
- 만드는 방법

① 빵틀을 이용하여 스폰지 케이크를 하트 모양으로 만들고, 반으로 자릅니다.
② 스폰지 케이크에 시럽을 골고루 발라 줍니다.
③ 다시 빵틀에 스폰지 케이크를 넣고 과일을 듬뿍 올려 줍니다.
④ 그 위에 휘핑 크림을 발라 줍니다.
⑤ 반으로 잘라 놓은 스폰지 케이크를 올려놓습니다.
⑥ 윗부분에 다시 휘핑 크림으로 마무리 한 후, 빵틀을 빼냅니다.
⑦ 과일과 초콜릿으로 장식을 해 줍니다.

1 케이크 만들기를 읽고, 중요한 내용을 정리해 보세요.

빵을 반으로 자르기 ➡ (　　　　) ➡ 과일 올리기 ➡ (　　　) ➡

스폰지 케이크 올려놓기 ➡ (　　　　) ➡ 빵틀 빼내기 ➡ (　　　)

2 케이크 만드는 방법을 친구들에게 이야기해 보세요.

별난 직업이 많아요

오늘 아버지께서 신문에서 본 별난 직업들에 대한 이야기를 해 주셨다.

하루에 8시간씩 맨발로 침대 위를 발로 밟고 다니는 일을 하는 직업.

지하철 광고 사진에 장난으로 그린 수염을 닦는 일을 하는 직업.

많이 걸어야 하는 바쁜 우체부들을 위해 구두를 길들여 주는 일을 하는 직업.

접시가 얼마나 강한지 시험하기 위해 하루 종일 접시 깨는 일을 하는 직업.

미국에 있는 어느 도시에는 그 도시가 평온하고 살기 좋은 곳임을 보여 주기 위해 낮잠 자는 일을 하는 직업도 있다고 한다. 세상에는 정말 다양한 직업이 있다.

아버지께서는 조금만 세상을 자세히 보면 우리가 모르는 많은 직업들이 있고, 어떤 직업이든 귀하고 값진 것이라고 말씀하셨다. 나는 아버지께서 해 주신 말을 친구들에게 들려 주어야겠다고 생각했다.

슬기로운 생활 - 2단원 사랑하는 우리 가족

함께하는 우리 가족

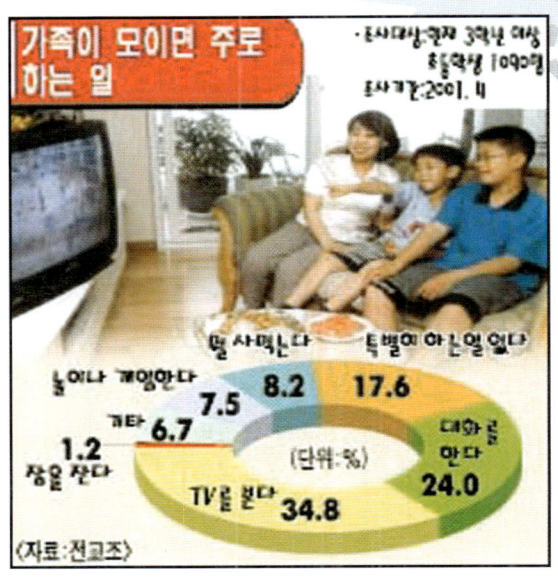

가족이 모이면 주로 어떤 일을 하나요?

내 눈으로 보는 교과서

가족 관계 알아보기

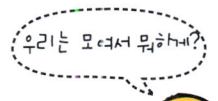

Step by Step

01 내가 할 일
02 가족이 함께 할 일
03 이런 가족 저런 가족
04 시끌시끌한 우리집
05 엄마 아빠에게 가장 듣고 싶은 말

영재 Plus

가족 마크 만들기

가족 관계 알아보기

슬기로운 생활 20~35쪽 | 학습 목표 : 나와 친척과의 관계를 알고, 호칭을 바르게 알 수 있다.

1 여러분은 지금 누구누구와 함께 살고 있나요?

_____

2 빈 칸에 알맞은 말을 넣어 보세요.

① _____   ② _____

③ _____   ④ _____

Step by Step
함께하는 우리 가족

|01 내가 할 일

나는 박진희입니다.

나는 할머니 할아버지의 귀여운 손녀이고, 아버지 어머니의 의젓한 딸이고, 내 동생의 든든한 언니입니다. 그래서 할 일이 참 많습니다.

오늘 배운 노래와 재미있는 이야기를 기억했다가 할머니 할아버지께 들려 드리는 것도 내가 할 일이고, 장난감을 치우는 일도 내가 할 일이고, 동생이 무서워서 잠을 못자면 잠들 때까지 같이 있어 주는 것도 내가 할 일입니다. 동생은 침대 밑에 알록달록 괴물이 살아서 무섭대요.

매일매일 바쁘지만 내가 할 일이 있어서 참 좋습니다.

1 집에서의 나는 어떤 존재인지 쓰고, 내가 하고 있는 일들을 써 보세요.

나의 역할 _____

내가 하고 있는 일 _____

02 가족이 함께 할 일

우리 집은 엄마 아빠가 모두 직장을 다니신다. 그래서 집안일을 가족들이 나누어서 함께 한다. 엄마가 빨래를 하시면 아빠와 나는 청소를 한다. 아빠는 청소기로 윙~, 나는 물걸레로 쓱싹.

아빠가 일찍 오시는 날은 나랑 아빠랑 시장을 보고, 엄마가 오셔서 밥을 지으신다. 그리고 밥은 다같이 맛있게 먹는다. 엄마는 내가 힘들까 봐 걱정을 하신다. 그런데 나는 시장에 가서 싱싱한 생선을 고르는 것도 재미있고 걸레질 하는 것도 재미있다.

아빠가 그러셨다. 튼튼한 우리들이 함께 해야 엄마가 더 씩씩하게 일을 할 수 있다고. 우리 가족은 서로 도우며 사는 멋진 가족이다.

1 집에서 집안일을 주로 누가 하시나요?

2 이 가족이 사는 모습을 보고 느낀 점을 써 보세요.

03 이런 가족 저런 가족

1 301호 가족과 302호 가족의 모습이 어떻게 다른가요?

_____

_____

2 301호에 사는 아이가 302호 집에 놀러 가서 느낀 점은 무엇일까요?

_____

3 우리 가족은 301호와 302호 중에서 어느 가족과 닮았나요?

_____

_____

04 시끌시끌한 우리 집

우리 집은 대가족이다.

1층은 작은아버지네 집이고 2층은 작은 고모네, 3층은 우리 집이다. 큰 고모는 다른 곳에 살지만 주말이면 우리 집을 찾는다. 그 때는 두 명의 사촌들도 따라온다. 주말이면 항상 여덟 명의 아이들로 동네가 떠들썩해진다.

우리 가족들은 물건을 물려주고 물려받아 쓴다. 내가 작아서 입지 못하는 옷은 사촌 동생 민구를 준다. 가족들끼리 같은 물건을 쓰니까 정이 더 깊어지는 것 같다.

가족들이 모여 사니까 즐거운 웃음소리와 재미있는 이야기들로 가득 찬다.

우리 집의 대장이신 할머니는 늘 이렇게 말씀하신다.

"집을 좀더 크게 지으면 모두 모여 살 텐데……."

그러면 우리는 똑같이 말한다.

"동네에서 시끄럽다고 이사 가라고 할걸요."

1 글쓴이는 대가족이라서 어떤 점이 좋다고 말하고 있나요?

2 위와 같이 친척들이 다같이 모여서 살면 어떤 점이 불편할지 생각해 보세요.

05 엄마 아빠에게 가장 듣고 싶은 말

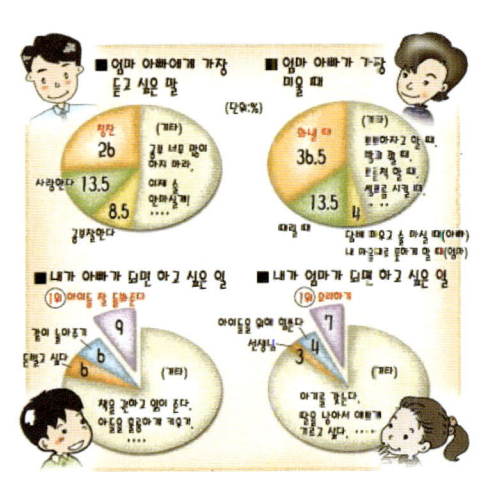

어린이들에게 조사를 한 결과 엄마 아빠에게 가장 듣고 싶은 말로 '잘 했구나'를 꼽았다.

엄마 아빠가 가장 미울 때는 '화낼 때'라고 대답했다. 그리고 아빠가 술 드시고 뽀뽀하자고 할 때, 엄마가 내가 잘못한 일을 아빠한테 이를 때, '이 칠칠아' '시오정아'라고 나를 부를 때라는 대답도 있었다.

1 엄마 아빠에게 가장 듣고 싶은 말이 무엇인가요?

_____

2 부모님이 가장 좋을 때와 미울 때는 언제인가요?

좋을 때: _____

미울 때: _____

3 내가 엄마나 아빠가 된다면 아이들에게 어떻게 하고 싶은지 써 보세요.

_____

_____

영재plus 가족 마크 만들기

※ 우리 가족을 대표하는 상징을 만든다면 어떤 그림이 어울릴까요? 우리 나라를 상징하는 태극기, 우리 학교 마크를 생각해 보며 우리 가족을 잘 나타낼 수 있는 마크를 만들어 보세요.

자랑할 만한 우리 가족의 특징

_____

_____

우리 가족의 특징이 담긴 마크를 그려 보세요.

쓰기 - 셋째 마당 내가 만들었어요

논술클리닉

느낌을 살려 봐!

이 그림은 화가 고흐의 방을 그린 것입니다.
이 방의 느낌이 어떤지 이야기해 보세요.

내눈으로 보는 교과서
이런 느낌이에요

논술에너지를 쌓아라
01 느낌을 표현하는 말
02 느낀 대로 써 봐
03 계절마다 느낌이 달라요
04 이럴 땐 이런 느낌

신나는 논술
내 느낌을 써 봐요

논술 Plus
얼굴에 느낌이 있어요

나 느낌 어때?

내 눈으로 보는 교과서
이런 느낌이에요

쓰기 50~53쪽 | 학습 목표 : 느낌이 잘 드러나게 글 쓰는 방법을 안다.

> 아버지의 발을 씻어 드렸다. 아버지께서는 간지럽다고 하며 웃으셨다. 아버지의 발은 못생겼다. 발톱이 두꺼웠고 발등은 울퉁불퉁하였다. 그리고 발바닥은 딱딱하고 갈라져 있었다. 아버지께서는 무척 많이 걸어다니신 것 같다.

1 윤호가 아버지의 발을 씻어 드리고 쓴 글입니다. 내용을 간단하게 정리해 보세요.

윤호가 한 일	
씻어 주며 알게 된 일	
씻어 주며 생각한 점	

2 내 손을 보고, 느낌을 정리하여 보세요.

_____

_____

논술에너지를 쌓아라!
느낌을 살려 봐!

01 느낌을 표현하는 말

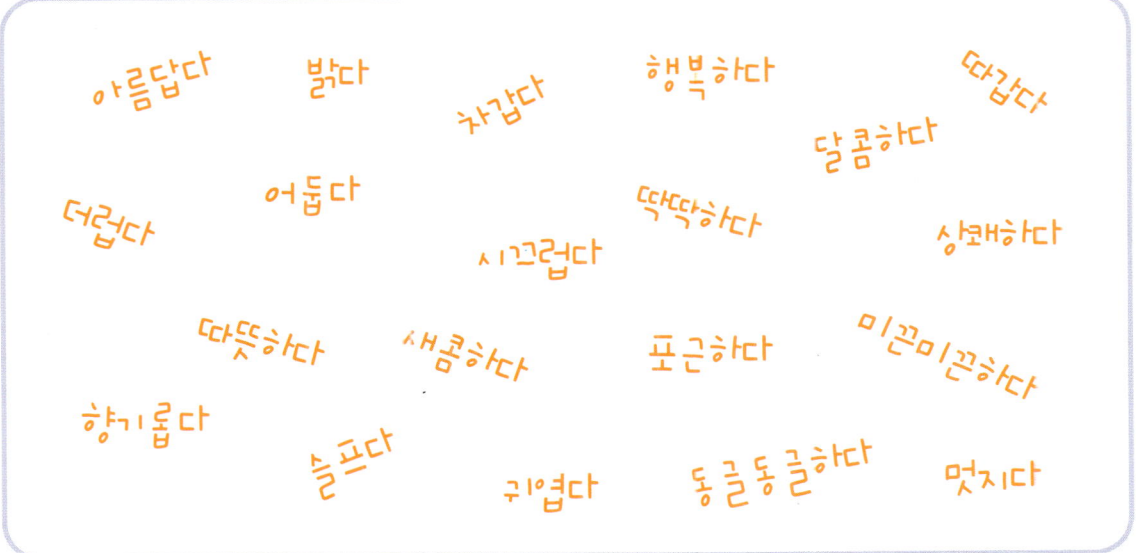

아름답다 밝다 차갑다 행복하다 따갑다
더럽다 어둡다 딱딱하다 달콤하다 상쾌하다
시끄럽다
따뜻하다 새콤하다 포근하다 미끌미끌하다
향기롭다 슬프다 귀엽다 동글동글하다 멋지다

1 위의 말 중 들었을 때 기분이 좋아지는 말을 찾아 써 보세요.

---

2 위의 말 중에서 손으로 만졌을 때의 느낌을 나타내는 말을 찾아 써 보세요.

---

3 '포근하다' 와 어울리는 짧은 문장을 써 보세요.

---

02 느낀 대로 써 봐

둥근 모양이다.
머리 모양과 닮았다.
겉은 파랗고 속은 빨갛다.
빨간 속에 검은 점이 있다.
달콤한 냄새가 나고
먹어 보면 단맛이 난다.
만져 보면 매끈매끈하다.

1 무엇을 설명하고 있나요? 내가 생각한 것을 그려 보세요.

2 이 글과 다르게, 내 느낌이 잘 드러나게 글을 써 보세요.

_____

_____

3 아래의 눈사람을 보고, 느낌이 잘 드러나게 글을 써 봅시다.

_____

_____

_____

_____

4 구름을 만지면 어떤 느낌일까요? 아저씨가 구름을 만져 본 느낌을 어떻게 말할지 상상해서 써 보세요.

03 계절마다 느낌이 달라요

봄

봄은 따뜻하다. 봄은 파릇파릇하다. 봄은 간질간질한 느낌이다. 봄은 졸린 느낌이다.

1 위와 같이 여름, 가을, 겨울 하면 떠오르는 느낌을 모두 써 보세요.

〈여름〉

_____

_____

〈가을〉

_____

_____

〈겨울〉

_____

_____

04 이럴 땐 이런 느낌

　멀리에서 나무를 보았을 때 나무는 크고 파랗고 조용해 보였다. 크고 파랗고 조용한 나무를 보러 가까이 갔다.

　가까이 가서 나무를 보았을 때 나무는 바람에 흔들렸고, 흔들릴 때마다 바스락바스락 소리를 냈다.

　한참을 서서 나무를 보았을 때 나무는 많은 일을 하고 있었다. 새들이 둥지를 틀고 살게 해 주었고, 그늘을 만들어 사람들이 쉬게 해 주었다. 또 미술 숙제하는 아이들을 위해 멋진 모델도 되어 주었다.

1 글쓴이가 나무를 보고 느낌이 어떻게 달라졌는지 정리해 보세요.

2 멀리서 보았을 때와 가까이서 보았을 때, 혹은 잘 몰랐을 때와 잘 알게 되었을 때 느낌이 달라진 경험을 이야기해 보세요.

신나는 논술 | 내 느낌을 써 봐요

※ 다음 그림을 보고, 파의 변화된 모습을 느낌이 잘 드러나게 써 보세요.

논술 plus | 얼굴에 느낌이 있어요

※ 그림 속의 얼굴을 보고, 얼굴의 느낌을 정리해 보세요.

- 눈썹 모양: _____

- 눈 모양: _____

- 코 모양: _____

- 입술 모양: _____

- 귀 모양: _____

- 얼굴 전체적인 느낌

느낌을 말해 봐~

※ 친구의 얼굴을 그리고, 얼굴 모습을 느낌이 잘 드러나게 써 보세요.

책 속의 책

GUIDE & 가능한 답변 들

까꿀레아 국어논술
1–5단계

※ 들어가기 전에 – 이 책은 다양한 개성적인 반응과 답변을 유도하는 데 목적이 있으므로, 단 하나의 유일한 정답이 없는 문항들도 많습니다. 그러므로 〈정답의 방향〉을 가늠하는 참고 자료로 활용해 주시기 바랍니다.

week 01
발상사고혁명
있는 그대로를 사랑해요!
05 쪽

긍정적 사고를 하자

01 내 모습 그대로가 좋아

G·U·I·D·E 자기가 가지고 있는 것의 소중함을 깨닫고 있는 그대로의 나를 사랑하는 것이 좋은 것임을 알 수 있도록 합니다.

1 예뻐지고 싶어서

2 더 못생기게 되었어요.

3 네, 눈이요. 눈이 더 동그랗고 컸으면 좋겠어요. / 네, 얼굴 모양이요. 얼굴이 길쭉했으면 좋겠어요. / 네, 키요. 키가 컸으면 좋겠어요. / 네, 몸무게요. 날씬했으면 좋겠어요.

02 날지 못해도 달릴 수 있어

G·U·I·D·E 내가 가지고 있는 것으로 무엇을 할 수 있는지 생각해 봅니다.

1 두엄 더미에 떨어졌어요.

2 그래 너에게 날개는 없지만 튼튼한 다리가 있잖아. 열심히 달려서 나중에 마라톤 대회에 나가서 상도 타렴. / 돼지 멋지다. 달려라 달려 신나게 달려라 돼지야.

03 두더지 사위

G·U·I·D·E 멀리까지 가서 귀한 것을 찾지만 좋은 것은 아주 가까이에 있음을 알 수 있습니다.

1 두더지 총각

2 두더지 부부가 예쁜 딸에게 가장 잘 어울리는 멋진 두더지 총각을 찾게 되어서 기쁘다. / 해님, 바람, 불상이 두더지 부부에게 깨달음을 주어서 기쁘고 두더지 딸에게 가장 잘 어울리는 신랑감을 찾아서 기쁘다.

04 난 아무것도 없어요.

G·U·I·D·E 자기가 가지고 있는 것이 얼마나 많은지 생각해 봅니다.

1 가진 게 아무것도 없다는 것

2 나는 그림을 잘 그리는 재주가 있어요. / 나는 좋은 엄마, 아빠가 있어요. / 나는 건강한 몸이 있어요.

3 · 사고 싶은 것 : 웃음
  · 이유 : 웃으면 복이 온다고 했기 때문에
  · 가격 : 오백만 원

05 지금 가지고 있는 게 좋은 거라니까

G·U·I·D·E 현재에 만족하는 것의 중요성을 알 수 있습니다.

1 다른 주인을 만나면 더 좋을 것 같아서

2 그래도 옛 주인이 좋았다는 것을 깨달았다.

- 귀는 귀인데 못 듣는 귀는? 당나귀, 뼈다귀
- 해를 가장 싫어하는 사람은? 눈사람
- 추운 겨울에 가장 많이 찾는 끈은? 따끈따끈
- 남이 버리는 것만 받아먹는 것은? 쓰레기통
- 밖은 푸르고 안은 붉은 것은? 수박
- 세상에서 가장 큰 코는? 멕시코
- 벌레 중 가장 빠른 벌레는? 바퀴벌레

week 02
교과서 논술 01
내가 만들었어요
13쪽

내 눈으로 보는 교과서
01 재미있는 말놀이

G·U·I·D·E 말의 재미를 느끼며 말놀이를 합니다.

1 얼굴

2 머리카락, 눈썹, 눈, 코, 입, 턱

3 홀쭉이 / 불퉁이, 반짝이 / 구슬이, 갸름이 / 삼각이, 냠냠이 / 넙적이

열린교과서

G·U·I·D·E 수수께끼 놀이를 통해 재미있는 표현법을 배웁니다.

02 무엇을 말하였나요?

G·U·I·D·E 인물이 한 말을 찾고, 그 말을 통해 성격이 어떤지 말해 봅니다.

1 흥부 : 형님, 어서 오십시오.
  놀부 : 네 이놈! 네가 어떻게 부자가 되었지?
  흥부 : 지난 해에, 부러진 제비다리를 정성껏 고쳐 주었어요. 그랬더니 제비가 박씨 하나를 물어다 주었어요.
  놀부 : 그래? 그럼 나도 얼른 제비 다리를 고쳐 주고 보물을 얻어야겠다.

2 흥부보다 더 좋은 보물을 많이 갖다 다오. / 다리가 이리 연약해서 어디 걸어 다니겠냐? 부러졌다가 다시 붙으면 튼튼해질 거다.

열린교과서

1 양 – 고약한 냄새가 나는데요.
  늑대 – 아무 냄새도 안 나는데요.
  여우 – 사자님 죄송한데요, 저는 지금 감기에 걸려서 아무 냄새도 맡을 수 없답니다.

2 입 냄새가 조금 나네요. 사자아저씨, 껌 드릴까요?

2 키가 큰 것도 중요하지만 공부도 열심히 하고 책도 많이 읽어야 한다고 생각해요. / 자기가 바라는 일을 이루기 위해 노력하는 모습이 좋아 보여요.

03 인물이 한 일을 찾아봐요

G·U·I·D·E 세종 대왕이 한 여러 가지 일들을 쓰고, 세종 대왕이 한 일에 대해 어떻게 생각하는지 이야기 합니다.

1 ① · 한 일 : 세종 대왕은 자신의 옷을 벗어 신하에게 덮어 주었다.
· 내 생각 : 세종 대왕은 백성과 신하들을 사랑하는 왕이었다고 생각한다.
② · 한 일 : 세종 대왕은 열심히 글자를 연구하셨다.
· 내 생각 : 세종 대왕은 자신의 몸을 아끼는 마음보다 백성들을 사랑하는 마음이 더 컸다고 생각한다.
③ · 한 일 : 세종 대왕은 백성들이 사는 모습을 꼼꼼히 살피셨다.
· 내 생각 : 세종 대왕은 백성들에 대한 관심이 많고, 늘 백성들을 위해 할 일이 무엇인지 찾아다니신 분이라고 생각한다.
④ · 한 일 : 세종 대왕은 배우기 쉽고 과학적인 한글을 만드셨다.
· 내 생각 : 세종 대왕과 학자들이 한글을 만든 것이 자랑스럽고, 감사하게 생각한다.

열린교과서

G·U·I·D·E 키가 크고 싶은 아이가 키 크기 위해 어떤 일을 하는지 알 수 있습니다.

1 음식을 골고루 먹었어요, 일찍 자고 일찍 일어났어요, 바른 자세로 걸었어요, 키 크는 체조를 열심히 했어요.

week 03
독서 클리닉
피노키오가 사람이 될까?
23쪽

상상하며 읽어요
01 피노키오가 만들어졌어요

G·U·I·D·E 피노키오가 만들어진 과정을 읽고, 인형이 진짜 사람이 된다면 어떨지 상상해 봅니다.

1 무서울 것 같아요. / 나만의 친구가 생겨서 좋을 것 같아요. / 신기할 것 같아요. / 재미있을 것 같아요. / 친구들에게 자랑할 것 같아요. / 그런 일은 일어나지 않을 것 같아요. 그런 건 동화책이나 영화에서만 일어나는 일이에요.

2 말썽꾸러기 / 개구쟁이 / 고집쟁이 / 자기 멋대로인 아이

3 피노키오의 완성된 모습을 그려 봅니다.

02 피노키오 여우와 고양이를 만나다

G·U·I·D·E 피노키오의 금화를 뺏으려고 나타난 여우와 고양이가 피노키오를 어떻게 유혹하는지 살펴보도록 합니다.

1 돈 / 장난감 / 옷 / 신발

2 피노키오를 요술 들판에 데려다 주겠다고 말했던 여우와 고양이가 강도로 변신을 했어요. 그리고 피노키오의 금화를 빼앗으려고 했어요. 그런데 피노키오가 금화를 입에다 물고 내놓지 않자, 여우와 고양이는 떡갈나무 가지에 피노키오를 매달았어요. 그 때 파란머리 요정이 나타나 피노키오를 구해 주었어요.

03 피노키오 드디어 사람 되다

G·U·I·D·E 피노키오가 한 일들을 통해 성격이 어떻게 달라졌는지 알 수 있습니다.

1 병든 아버지를 열심히 보살폈어요, 매일 일찍 일어나 열심히 일했어요, 열심히 공부했어요, 돈을 저축했어요, 요정을 위해 자기의 돈을 주었어요.

2 소원이 이루어져서 기뻤을 것 같아요. / 신기하고 놀라웠을 것 같아요. / 너무 기뻐서 눈물이 났을 것 같아요.

에 대한 자신의 의견을 말할 수 있습니다.

1 나는 유준이의 의견에 찬성합니다. 그 이유는 피노키오는 여우와 고양이의 거짓말에 넘어가고, 또 공부는 안하고 놀기만 하고, 착한 요정에게 거짓말까지 하는 어리석은 아이라고 생각하기 때문입니다. / 나는 진희의 의견에 찬성합니다. 그 이유는 공부하는 것도 중요하지만 잘 노는 것도 중요하기 때문입니다. 자기가 할 일을 다 했다면 열심히 놀 줄도 알아야 한다고 생각합니다. / 나는 지성이의 의견에 찬성합니다. 친구가 하는 말을 믿는 건 나쁜 것이 아니라고 생각하기 때문입니다. 그리고 나도 요술들판과 장난감 마을이 있다는 말을 들었다면 따라갔을 것이기 때문입니다. 있습니다.

독서 클리닉 plus
거짓말을 하면 코가 정말 길어질까?

G·U·I·D·E 친구의 독후감을 읽고, 잘 쓴 부분과 부족한 부분을 생각할 수 있다.

1 눈을 똑바로 쳐다보지 못한다, 귓불을 만진다, 코를 만지거나 문지른다, 얼굴을 만지거나 다리를 꼰다, 말이 많아진다.

2 가슴이 벌렁벌렁거려요. / 얼굴이 빨개져요. / 손이 떨려요.

한 걸음 더
피노키오를 어떻게 생각해?

G·U·I·D·E 글을 읽고, 등장 인물의 행동

week 04
교과서 논술 02
바르게 전해요 01
33쪽

02 뭐가 중요한지 보여요

G·U·I·D·E 글을 읽고 기본적으로 파악해야 할 제목, 주제, 주요 내용을 정리해 보는 시간을 가집니다. 이 본문에서는 여러 나라의 다양한 인사법도 같이 배울 수 있게 합니다.

1. · 제목 : 나라마다 인사하는 법이 다릅니다.
   · 우리 나라 : 허리를 굽혀 인사합니다.
   · 멕시코 : 서로 껴안으며 인사합니다.
   · 사우디 아라비아 : 뺨을 대며 인사합니다.

내 눈으로 보는 교과서
01 아는 거 다 말해

G·U·I·D·E 글을 읽고 알게 된 내용을 분명하게 말하는 방법을 배웁니다.

1. 파리가 앞다리를 비비는 까닭
2. '곤충이야기' 라는 책을 읽었기 때문에
3. 센털에 묻은 먼지를 떨기 위해서

열린교과서

1. 앞으로 걷는 '밤게'
2. 앞으로 걷는다, 밤알처럼 생겼다, 살이 없고 맛이 없어서 사람들이 먹지 않는다.
3. 내가 '이름이야기' 라는 책에서 읽었는데, 자장면 먹을 때 나오는 단무지를 제일 처음 만든 사람이 다꽝이래. 일본에 다꽝이라는 스님이 있었는데, 전쟁이 나서 먹을 것이 없는 백성들을 위해 반찬으로 짠지를 만들었는데, 이를 맛 본 어떤 장군이 그 짠지를 처음으로 만든 다꽝 스님의 이름을 붙였대.

열린교과서

G·U·I·D·E 글을 읽고, 꼼꼼하게 내용을 정리해 봅니다.

1. 각 나라의 전통 의상
2. 우리 나라, 중국, 스코틀랜드, 네덜란드
3. 한복. 한복은 색깔이 곱고 부드러운 느낌을 줍니다.
4. · 제목 : 각 나라의 전통 의상
   · 주제 : 나라마다 전통 의상이 있습니다.
   · 우리 나라 : 한복은 색깔이 곱고 부드러운 느낌을 줍니다.
   · 중국 : 꽃무늬가 많이 들어가고 귀여운 신발과 고깔모자 때문에 귀여운 느낌을 줍니다.
   · 스코틀랜드 : 킬트는 세로 주름이 잡혀 있는 체크무늬 치마입니다.
   · 네덜란드 : 치파오는 색깔이 화려하고, 꽃무늬 자수가 들어가 있어 화려한 느낌을 줍니다.

5 일본, 스코틀랜드, 노르웨이, 중국

03 좋은 점을 찾아보아요

G·U·I·D·E 다양한 흉내내는 말을 실제로 소리 내 봅니다.

1 쿨쿨 / 드르렁드르렁 / 쿠렁쿠렁 / 콜콜 / 새근새근

2 좔좔 / 줄줄 / 졸졸 / 똑똑

열린교과서

G·U·I·D·E 흉내내는 말을 사용했을 때와 사용하지 않았을 때 느낌이 어떻게 달라지는지 느껴 봅니다.

1 1번 어디에서 살까요? 가 더 재미있게 느껴집니다.

2 흉내내는 말을 사용해서 더 생생하고 실감나기 때문입니다.

3 뼈끔뼈끔, 타박타박, 귀뚤귀뚤, 불끈불끈, 코올코올

뛰어넘자 교과서
어느 나라일까요?

G·U·I·D·E 자유롭게 색칠 공부를 하면서 다른 나라의 인사법과 전통의상을 익혀 봅니다.

week 05
영재 클리닉 01
친구는 참 좋아요!
43 쪽

내 눈으로 보는 교과서
우리는 친구

G·U·I·D·E 그림의 상황을 이해하고, 그런 상황에서 친구들 어떻게 대하는 것이 좋은지 생각해 봅니다.

1 **G·U·I·D·E** 친구를 무엇으로 표현할 수 있는지 생각해 봅니다.

그래, 이리 와서 여기 앉아. 우리는 지금 모래성 쌓기를 하고 있었거든. / 뭘 무겁지도 않은데 / 이렇게 같이 가니까 좋은걸. / 괜찮니? 일어나. 흙 털어 줄게.

2 난로, 어머니, 선생님

3 나는 거울이라고 표현하고 싶어요. 친구를 보면 꼭 나를 보는 것처럼 느껴지기 때문이에요. / 나는 보물이라고 표현하고 싶어요. 보물처럼 귀중하기 때문이에요. / 나는 밥이라고 표현하고 싶어요. 없으면 절대로 안 되기 때문이에요.

Step by Step
01 나를 소개합니다.

G·U·I·D·E 다른 친구의 자기 소개글을

읽고, 나를 소개해 봅니다.

1 보미야, 네가 소개한 글을 읽으니까 너랑 친구가 되고 싶다. 너는 네가 좋아하는 것과 잘하는 것, 그리고 못하는 것과 싫어하는 것을 분명하게 아는 친구구나. 나는 네가 참 멋진 친구라는 느낌이 들었어.

2 〈내가 잘하는 것, 좋아하는 것〉
1. 스키타기
2. 동시 쓰기
〈내가 못하는 것, 싫어하는 것〉
1. 노래 부르기
2. 청소하기
3. 안녕, 난 윤수혁이라고 해. 내 별명은 찰루인데, 왜 찰루라고 부르는지는 잘 모르겠어. 그런데 난 찰루라는 별명이 좋아. 난 스키를 아주 잘 타. 그런데 스키는 겨울에만 타야 하니까 아쉬워. 그리고 난 동시 쓰는 걸 좋아해. 어느 날은 밥을 먹다가 갑자기 시가 쓰고 싶어져서 밥도 안 먹고 몇 시간동안 동시를 쓴 적도 있어. 그런데 아직 상은 못 타 봤어. 그리고 노래를 못 부르고 청소를 싫어해. 그래도 내 방에 앉을 곳이 없을 땐 청소를 하기도 해. 재채기가 자주 나는데 청소를 안 해서 그런 것 같아. 이제 청소를 좋아해 보려고 해. 나랑 친구가 되면 하루하루가 재미있을 것 같지 않니? 우리 친하게 지내자.

02 내 친구를 소개합니다.

G·U·I·D·E 친구에 대해 생각하며 친구 소개를 해 봅니다.

1 친구 얼굴을 그려 봅니다.

2 · 이름은요 : 송정은
· 별명: 고집대장
· 이렇게 친구가 되었어요 : 같은 유치원을 다녀서 친구가 되었어요.
· 친구가 못하는 것 : 정은이는 공부를 잘 못해요. 글자가 싫어서 그렇대요.
· 친구가 잘하는 것 : 정은이는 바이올린을 잘 켜요. 정은이는 꼭 바이올리니스트가 될 거예요.

3 거짓말을 하지 않아요. / 말다툼을 하지 않아요. / 같이 놀아요. / 우리 집에서 밥을 같이 먹어요.

03 친구가 없다면?

G·U·I·D·E 친구가 없을 때의 외로움을 느끼고, 친구의 소중함을 알아봅니다.

1 외로웠을 것 같아요. / 슬펐을 것 같아요. / 떠나간 친구들이 미웠을 것 같아요.

2 고마웠을 것 같아요. / 또 떠날까 봐 겁났을 것 같아요. / 좋은 친구가 되어야겠다고 생각했을 것 같아요. / 행복했을 것 같아요.

04 자전거보다 더 소중한 것

G·U·I·D·E 어려움에 처한 친구를 위해 해 줄 수 있는 일에 대해 생각해 봅니다.

1 생각나는 우리 반 아이들의 이름을 씁니다.

2 이름을 물어 본다. / 인사를 한다.

3 네, 있어요. 친구가 아파서 학교에 오지 못했을 때 친구네 집에 가서 숙제도 알려 주고, 숙제도 도와 주었어요. / 아니오, 없어요. 그렇지만 아픈 친구가 있거나 친구가 곤란한 일을 겪고 있으

면 망설이지 않고 적극적으로 도와 줄 거예요.

영재 plus
친구들을 떠올려요

1 알맞은 친구의 이름을 써 봅니다.

2 떠오르는 친구의 이름을 써 봅니다.

열린교과서

1 창피하거나 당황하면 얼굴이 빨개진다, 뜨거운 불 앞에 있거나 너무 추우면 얼굴이 빨개진다, 숨을 오래 참고 있으면 얼굴이 빨개진다.

2 다운이는 아파도 얼굴이 빨개진다는 것을 알았다.

02 중요한 내용을 정리해요

G·U·I·D·E 앞에서 읽은 긴 내용을 요약하고 정리하는 훈련을 합니다.

1 수증기, 수증기, 구름, 구름, 눈, 비

2 얼음을 그립니다.

열린교과서

1 농사를 지을 때 비료로 사용된다, 종이를 만든다.

week 06
교과서 논술 03
바르게 전해요 02
53 쪽

03 방법을 설명해요

G·U·I·D·E 가오리연을 만드는데 꼭 필요한 내용을 정리해 볼 수 있습니다.

1 가오리연 만들기

2 ③ ④ ① ⑥ ② ⑦ ⑤

3 가오리연을 만들 때 먼저 한지를 잘라 중심살과 허릿살을 붙이고, 그런 다음 연의 꼬리를 세 개 만들어 세 곳에 붙이는 거야. 마지막으로 허릿살과 중심살에 실을 묶고 중심살에 묶은 실과 얼레의 실을 이으면 가오리연이 되는 거야.

내 눈으로 보는 교과서
01 들은 거 다 말해

G·U·I·D·E 들은 내용을 정리하는 방법을 배웁니다.

1 ① 일곱 ② 튼튼한 새 이 ③ 덧니

2 우리 아빠한테 들었는데, 젖니가 빠져야 그 자리에 튼튼한 새 이가 나온대. 젖니를 늦게 빼면 덧니가 난대.

열린교과서

1 시럽 바르기, 휘핑 크림 바르기, 휘핑 크림으로 마무리, 과일과 초콜릿으로 장식하기
2 자유롭게 케이크 만드는 방법을 이야기 합니다.

Step By Step
01 내가 할 일

G·U·I·D·E 집에서 내가 맡고 있는 역할을 알 수 있고, 내가 해야 하고 있는 일을 알 수 있습니다.

1 · 나의 역할: 나는 학생이고 어린이이고 아들입니다.
  · 내가 하고 있는 일 : 나는 학생이기 때문에 공부를 열심히 하고, 어린이이기 때문에 신나게 놉니다. 집에서는 아빠와 함께 차도 닦고, 아빠 때도 밀어드리는 멋진 아들입니다. 그리고 엄마와 함께 시장에도 가고, 엄마에게 재미있는 이야기도 해 드리는 귀여운 아들입니다.

week 07
영재 클리닉 02
함께하는 우리 가족
63쪽

02 가족이 함께 할 일

G·U·I·D·E 집안일은 엄마가 하는 것이라는 생각에서 벗어날 수 있습니다.

1 엄마가 많이 하십니다. / 엄마가 많이 하시고, 나와 언니가 도와서 합니다. / 엄마가 바쁘실 때는 아빠가 하시고, 아빠가 바쁘실 때는 엄마가 하십니다.

2 우리 집과 비슷하다고 느꼈다. 우리 가족도 바쁜 사람을 위해 안 바쁜 사람이 집안일을 돕기 때문이다. / 우리 가족과는 많이 다르다고 느꼈다. 우리 집에서는 엄마가 집안일을 많이 하시고, 아빠는 회사 일을 많이 하시기 때문이다.

내 눈으로 보는 교과서
가족 관계 알아보기

G·U·I·D·E 나와 친척과의 관계를 알고, 호칭을 바르게 알아봅니다.

1 누구와 함께 살고 있는지 자기 가족 구성원에 대해 씁니다.
2 고모부, 작은어머니, 외숙모, 이모부

03 이런 가족 저런 가족

G·U·I·D·E 서로 다른 두 가족을 통해

우리 가족의 사는 모습을 생각해 볼 수 있습니다.

1 301호는 어머니가 집안일을 하고, 302호는 아버지가 집안일을 합니다.
2 이상하다고 느꼈을 것이다. / 아빠가 밥을 하니까 좋다고 느꼈을 것이다.
3 우리 가족은 301호와 닮았습니다. 우리 가족은 엄마가 차려 놓으신 밥을 먹고, 설거지도 엄마가 하시기 때문입니다. / 우리 가족은 302호와 닮았습니다. 아버지께서 매일 밥을 하시지는 않지만, 엄마가 회사에서 늦게 오시면 아버지께서 밥을 하시거나 라면을 끓여 주시기 때문입니다.

04 시끌시끌한 우리 집
G·U·I·D·E 대가족이 사는 모습을 살펴볼 수 있습니다.

1 물건을 물려주고 물려받을 수 있어서 좋다고 말했습니다, 즐거운 웃음소리와 재미있는 이야기들이 가득 차서 좋다고 말했습니다.
2 엄마가 할 일이 많아질 것 같아요. / 시끄러워서 공부하기가 힘들 것 같아요. / 할머니네 집에 놀러 가는 재미를 잃어버려서 싫을 것 같아요.

05 엄마 아빠에게 가장 듣고 싶은 말
G·U·I·D·E 아이들이 가족에게 원하는 것이 무엇인지 알 수 있습니다.

1 우리 딸이 최고다. / 사랑한다. / 엄마 믿지? 엄마도 우리 아들 믿는다. / 넌 잘 할 수 있어. / 공부 못 해도 좋아. 네가 잘 할 수 있는 걸 찾아보자.
2 · 좋을 때 : 내 얘기를 귀 기울여 들어주실 때. / 가족끼리 여행을 갈 때.
 · 미울 때 : 아빠 엄마가 싸우실 때, 짜증내실 때, 내 얘기는 듣지도 않고 오해하실 때
3 내가 엄마라면 매일 밤 책을 읽어 줄 거예요. / 내가 엄마라면 절대로 화내지 않을 거예요. / 내가 엄마라면 물을 엎질렀다고 혼내지는 않을 거예요. / 내가 아빠라면 아이들의 이야기를 귀 기울여 들어 줄 거예요. / 내가 아빠라면 아이들하고 여행을 자주 갈 거예요. / 내가 아빠라면 친구들이랑 놀 수 있게 나무 위에 집을 지어 줄 거예요.

내 눈으로 보는 교과서
이런 느낌이에요

G·U·I·D·E 윤호가 한 일은 무엇이고 한 일을 통해 느낀 것은 무엇인지 짧은 글로 정리해 봅니다.

1. · 윤호가 한 일 : 아버지의 발을 씻어 드렸다.
   · 씻어 주며 알게 된 일 : 아버지의 발은 못생겼다, 발톱이 두껍다, 발등은 울퉁불퉁하다, 발바닥은 딱딱하고 갈라졌다.
   · 씻어 주며 생각한 점 : 아버지께서는 무척 많이 걸어다니시는 것 같다.

2. 내 손은 작고 귀엽게 생겼다. 손등은 통통하고 손가락은 짧다. 짧은 손가락에는 분홍색 손톱이 있다. 만지면 보들보들하다.

논술 에너지를 쌓아라
01 느낌을 표현하는 말

G·U·I·D·E 느낌을 나타내는 다양한 말을 배울 수 있습니다.

1. 아름답다, 밝다, 따뜻하다. 귀엽다, 멋지다, 행복하다, 향기롭다.

2. 차갑다, 따뜻하다, 미끈미끈하다, 따갑다, 딱딱하다.

3. 이불이 구름처럼 포근하다. / 날씨가 엄마 품처럼 포근하다. / 엄마 품이 솜처럼 포근하다.

02 느낀 대로 써 봐

G·U·I·D·E 주어진 글을 읽고 떠오르는 것을 그림으로 그려 봅니다.

1. G·U·I·D·E 느낌이 드러나게 글을 써 봅니다.
수박을 그립니다.

2. 내 머리통보다 더 잘생긴 둥근 모양에 멋진 줄이 쭉쭉 그어져 있다. 주먹으로 살살 두드려 보니 '나 잘 익었지' 하는 듯 통통 소리를 낸다. 수박은 거짓말쟁이. 밝은 초록색 쪼개보니 빨간색, 빨간 속살이 먹음직스럽고 까만 씨앗이 쏙쏙 들어 있다. 달콤한 냄새에 맛도 꿀맛. 만져 보면 겉은 미끈미끈. 속살은 사각사각.

3. 얼굴도 둥글고 몸도 둥글고 눈도 일자 코도 일자 입술도 일자. 참 재미없게 생긴 눈사람이 돈 모자 썼네. 햇볕이 뜨거워서 눈을 감았나? 귀가 없어서 내 목소리 듣지도 못하겠네. 팔이 짧아서 날 안아 주지도 못하겠네. 그래 내가 널 꼭 안아줄게 작은 눈사람.

4. 뭉실뭉실하게 생긴 구름이 잡힐 듯한데, 잡아도 잡아도 구름은 손에 없고 물기만 촉촉하게 남아 있네. / 포근하고 폭신한 느낌이야. 다른 어떤 것을 만져도 구름만큼 보드랍지는 못할 거라구.

03 계절마다 느낌이 달라요

G·U·I·D·E 계절의 느낌을 실감나게 표현해 봅니다.

1. · 여름 – 여름은 지글지글 뜨겁다. / 여름은 진한 초록색이다. / 여름은 하얗고 파란 느낌이다. / 여름은 나폴나폴 가벼운 느낌이다. / 여름은 끈적끈적한 느낌

이다.
- 가을 – 물감이 쏟아진 듯 알록달록하다. / 구름이 여유롭게 노니는 푸른 하늘 / 곱고 투명한 가을 하늘.
- 겨울 – 하얗고 폭신폭신한 느낌이다. / 쓸쓸하고 외로운 느낌이다.

04 이럴 땐 이런 느낌

G·U·I·D·E 2멀리서 보았을 때와 가까이에서 보았을 때 느낌이 어떻게 달라지는지 알아봅니다.

1 멀리서 보았을 때는 크고 파랗고 조용하다고 느꼈다. 가까이 가서 보았을 때는 나뭇잎이 흔들리기도 하고 소리도 났다. 한참 서서 보았을 때 나무는 많은 일을 하고 있었다. 그래서 나무의 소중함과 고마움을 느낄 수 있었다.

2 자신의 경험을 자유롭게 이야기 합니다.

신나는 논술
내 느낌을 써 봐요.

G·U·I·D·E 그림을 보고, 느낀 점을 솔직하게 표현해 봅니다.

1 파릇파릇한 이파리에 하얀 줄기 그리고 싱싱한 뿌리를 자랑하던 파가 있었습니다. 영원히 푸르고 하얗기만 할 것 같던 잎과 줄기는 점점 시들어 누렇게 변해갔습니다. 뿌리도 새들새들해지면서 힘을 잃어갑니다. 시간이 더 지나자 누렇게 변했던 잎과 줄기가 바짝 말라 비틀어져 버렸습니다. 먹을 수도 없게 된 파는 다시 밭에 버려져 거름이 되었습니다.

논술 plus
얼굴에 느낌이 있어요

G·U·I·D·E 그림을 보고 얼굴 모양을 간단하게 정리해 봅니다.

- 눈썹 모양 : 송충이 두 마리가 꼬물꼬물 움직이는 모양이다.
- 눈 모양 : 동그라미 두 개가 겹쳐서 데굴데굴 굴러가는 모양이다.
- 코 모양 : 납작한 모양이다.
- 입술 모양 : 입술이 가늘고 삐뚤삐뚤한 모양이다.
- 귀 모양 : 컵 손잡이 모양이다.
- 얼굴 전체적인 느낌 : 얼굴 모양은 길쭉하고 이마가 넓은데, 불평불만이 많은 표정을 짓고 있다.

G·U·I·D·E 옆에 앉은 친구의 얼굴을 보고, 그림을 그려 보고, 느낌이 드러나게 글을 써 봅니다.

- 내 친구 얼굴은 동그랗다. 눈은 동그랗고, 눈썹은 가늘고 까맣다. 코는 키세스 초콜릿처럼 귀엽게 생겼다. 입술은 얇은데, 입이 커서 입 안이 훤하게 다 보인다. 귀는 조그맣고 예쁘게 생겼다.
- 내 친구 얼굴은 네모난 모양이다. 머리 모양은 지붕 모양이다. 눈썹은 아래로 쳐졌고 눈은 크고 아래로 쳐졌다. 코는 넓적하고 입술은 길게 찢어진 모양이다. 귀는 머리 때문에 조금 보이는데 귀엽게 생겼다.